BEI GRIN MACHT SICH IHR WISSEN BEZAHLT

- Wir veröffentlichen Ihre Hausarbeit, Bachelor- und Masterarbeit
- Ihr eigenes eBook und Buch - weltweit in allen wichtigen Shops
- Verdienen Sie an jedem Verkauf

Jetzt bei www.GRIN.com hochladen und kostenlos publizieren

Bibliografische Information der Deutschen Nationalbibliothek:

Die Deutsche Bibliothek verzeichnet diese Publikation in der Deutschen Nationalbibliografie; detaillierte bibliografische Daten sind im Internet über http://dnb.d-nb.de/ abrufbar.

Dieses Werk sowie alle darin enthaltenen einzelnen Beiträge und Abbildungen sind urheberrechtlich geschützt. Jede Verwertung, die nicht ausdrücklich vom Urheberrechtsschutz zugelassen ist, bedarf der vorherigen Zustimmung des Verlages. Das gilt insbesondere für Vervielfältigungen, Bearbeitungen, Übersetzungen, Mikroverfilmungen, Auswertungen durch Datenbanken und für die Einspeicherung und Verarbeitung in elektronische Systeme. Alle Rechte, auch die des auszugsweisen Nachdrucks, der fotomechanischen Wiedergabe (einschließlich Mikrokopie) sowie der Auswertung durch Datenbanken oder ähnliche Einrichtungen, vorbehalten.

Impressum:

Copyright © 2018 GRIN Verlag
Druck und Bindung: Books on Demand GmbH, Norderstedt Germany
ISBN: 9783668943667

Dieses Buch bei GRIN:

https://www.grin.com/document/468341

Maximilian Tschiersch

Trainingsplanung Ausdauertraining für eine 24-jährige männliche Person

GRIN Verlag

GRIN - Your knowledge has value

Der GRIN Verlag publiziert seit 1998 wissenschaftliche Arbeiten von Studenten, Hochschullehrern und anderen Akademikern als eBook und gedrucktes Buch. Die Verlagswebsite www.grin.com ist die ideale Plattform zur Veröffentlichung von Hausarbeiten, Abschlussarbeiten, wissenschaftlichen Aufsätzen, Dissertationen und Fachbüchern.

Besuchen Sie uns im Internet:

http://www.grin.com/

http://www.facebook.com/grincom

http://www.twitter.com/grin_com

Deutsche Hochschule für

Prävention und Gesundheitsmanagement

Einsendeaufgabe

Fachmodul: Trainingslehre 2

Studiengang: B. A. Fitnessökonimie

Datum
Präsenzphase 03.01.18 – 05.01.18

Name, Vorname: Tschiersch, Maximilian

Studienort: Hamburg

Semester: WS 16

Inhaltsverzeichnis

1 DIAGNOSE 3

1.1 Allgemeine und biometrische Daten 3

1.2 Leistungsdiagnostik/Ausdauertest 4

    1.2.1 Begründung des Ausgewählten Fahrradergometertests 4

    1.2.2 Ausführung des Fahrradergometertest 5

    1.2.3 Bewertung der erzielten Testergebnisse 6

1.3 Gesundheits- und Leistungsstatus der Person 7

2 ZIELSETZUNG/PROGNOSE 8

2.1 Zielsetzung 8

3 TRAININGSPLANUNG MESOZYKLUS 9

3.1 Grobplanung Mesozyklus 9

3.2 Detailplanung Mesozyklus 9

3.3 Begründung zum Mesozyklus 10

4 LITERATURRECHERCHE 11

5 LITERATURVERZEICHNIS 13

6 ABBILDUNGS- UND TABELLENVERZEICHNIS 14

6.1 Tabellenverzeichnis 14

6.2 Abbildungsverzeichnis 14

1 Diagnose

Die folgenden Aufgaben befassen sich mit der Analyse einer fiktiven Person, im Verlauf der Einsendeaufgabe wir diese Person als „der Proband" bezeichnet. Zuerst werden allgemeine biometrische Daten erfasst, anschließend ein Ausdauertest absolviert und der Leistungszustand dieser Person bewertet.

1.1 Allgemeine und biometrische Daten

Die biometrischen Daten des Probanden werden in den folgenden Tabellen 1 und 2 dargestellt. Außerdem werden die Normwerte des Blutdrucks in Abbildung 1 aufgezeigt.

Tab. 1: Biometrische Daten (eigene Darstellung, 2018)

Allgemeine und Biometrische Diagnosedaten	
Alter	24 Jahre
Geschlecht	männlich
Körpergröße in cm	178 cm
Körpergewicht in kg	86 kg
Körperfettanteil in %	19,00%
BMI	27,10 kg/m2
Beruf	Informatikstudent
Aktuelle sportliche Tätigkeit	keine
Frühere sportliche Tätigkeit	2x pro Woche leichtes Joggen für 45 Minuten, 1x pro Woche 60 Minuten Spinning
Vorerkrankung	keine
Einnahme Medikamente	keine
Trainingsmotive	1. Abnehmen 2. Senken des Blutdrucks 3. Senken des BMI
Zeitlicher Verfügungsrahmen	3 mal pro Woche für je 60-70 Minuten

Bewertungs-stufen	systolischer Blutdruck	diastolischer Blutdruck
Normblutdruck (Normotonie)		
optimal	unter 120 mmHg	unter 80 mmHg
normal	unter 130 mmHg	unter 85 mmHg
hochnormal	130-139 mmHg	85-89 mmHg
Bluthochdruck (arterielle Hypertonie)		
Stufe 1	140-159 mmHg	90-99 mmHg
Stufe 2	160-179 mmHg	100-109 mmHg
Stufe 3	> 180 mmHg	> 110 mmHg

Abb. 1: Blutdruckklassifikationen

Tab. 2: weitere biometrische Parameter (eigene Darstellung, 2018)

Weitere biometrische Parameter		
Ist-Zustand	Normwerte	Bewertung
Blutdruck: 126 mmHg / 86 mmHg	120-129mmHg / 80-85mmHg	Der Blutdruck liegt im hoch-normalen Bereich.
Ruhepuls: 53 s/min	60-80 s/min	Der Ruhepuls liegt unter dem Normbereich.

1.2 Leistungsdiagnostik/Ausdauertest

Die folgenden Aufgaben befassen sich mit der Auswahl und der Durchführung eines Fahrradergometertests sowie die Bewertung der erbrachten Leistung.

1.2.1 Begründung des Ausgewählten Fahrradergometertests

Für den Probanden ist ein IPN-Fahrradergometer-Ausdauertest ausgewählt. Dieser Test wurde ausgewählt, da es sich in dem Fall des Probanden um einen gesunden, jungen Mann handelt, der keinerlei Beschwerden aufweist. Zudem ist diese Methode gut Reproduzier bar und auf das aktuelle Leistungsniveau des Probanden angepasst.

Dieser Test hat außerdem den Vorteil der Voreinstufung, dort werden das Alter, Geschlecht, Trainingszustand und der Ruhepuls als Parameter berücksichtigt was dieses Testverfahren sehr genau macht.

1.2.2 Ausführung des Fahrradergometertest

Als erstes wird eine Voreinstufung des Probanden hinsichtlich seiner Belastbarkeit vollzogen. Aus den vorher dargestellten biometrischen Daten geht hervor, dass der Proband derzeit keinen Sport getrieben hat. Aus diesem Grund wird der Proband als untrainiert eingestuft. Die Ruheherzfrequenz des Kunden liegt bei 53 s/min. Aufgrund dieser Daten wird nun die individuelle Zielherzfrequenz festgelegt, welche auch als Abbruchkriterium des IPN-Tests gilt. Die für den Probanden festgestellte Zielherzfrequenz liegt bei 140 Schlägen pro Minute. Anhand der Tab. 4 und Tab 5 wurde die Zielherzfrequenz ermittelt.

Tab. 3: Voreinstufung nach Ruheherzfrequenz und Lebensalter (modifiziert nach IPN, 2004, S.4)

RHF/Alter	<20	20-29	30-39	40-49	50-59	60-69	≥ 70
<50	140	135	130	125	115	110	105
50-59	145	140	135	125	120	115	110
60-69	145	145	135	130	125	120	115
70-79	150	145	140	135	130	125	120
80-89	155	150	145	140	135	125	125
≥ 90	160	155	150	145	135	130	125

Tab. 4: Voreinstufung unter zusätzlicher Berücksichtigung der Trainingshäufigkeit ausdauerrelevanter Aktivitäten (modifiziert nach IPN, 2004, S. 4)

Sporttyp	Mindesthäufigkeit/ Woche (Einheiten)	Stunden/ Woche	Aufschlag
Überhaupt kein Ausdauertraining	-	-	-
Wenig Ausdauertraining	1-2 mal	≤ 1 Stunde	-
Moderate Ausdauertraining	2-3 mal	1-2 Stunden	Plus 5
Viel Ausdauertraining	3-4 mal	2-4 Stunden	Plus 10
Sehr viel Ausdauertraining	>4 mal	> 4 Stunden	Plus 15

Die Eingangsbelastung liegt bei 30 Watt und wird alle drei Minuten (die Dauer einer Stufe) um 40 Watt gesteigert. Die Trittfrequenz liegt während der gesamten Dauer zwischen 60-80 Umdrehungen pro Minute. Während dessen wird alle 60 Sekunden die Herzfrequenz des Probanden gemessen. Wird die Zielherzfrequenz von 140 Schlägen pro Minute erreicht, so ist der Test beendet. Die bis dahin erreichte Leistung in Watt wird notiert und dient später zur Berechnung der relativen Watt-Soll-Leistung

(Watt/Kg). Wird vor Ende einer Stufe die Zielherzfrequenz erreicht, so zählt die letzte durchfahrene Minute der Stufe als Ergebnis. Der errechnete Wert der relativen Watt-Soll-Leistung stellt, in Hinblick auf die geschlechts- und altersspezifischen Normwerte, einen Vergleich der Leistungsfähigkeit da. Folgende Tabelle stellt den gesamten Testverlauf des ausgewählten Fahrradergometertests in Form des Testprotokolls da.

Tab. 5: Testprotokoll des submaximalen Fahrradergemetertest nach Hollmann & Venrath (eigene Darstellung, 2018)

Name: Proband	Geschlecht: männlich	Gewicht: 86 kg
Datum: 10.01.2018	Testform: Hollmann & Venrath	Trittfrequenz: 60-80 U/min
Alter: 24 Jahre	Ruhepuls: 53 s/min	Pulsabbruchgrenze: 140 s/min
Eingangsbelastung: 30 Watt	Belastungssteigerung: 40 Watt/Stufe	Stufendauer: 3 min

Stufen	Watt	HF in Minute 1	HF in Minute 2	HF in Minute 3
1	30 Watt	84 s/min	90 s/min	100 s/min
2	70 Watt	103 s/min	108 s/min	113 s/min
3	110 Watt	117 s/min	122 s/min	124 s/min
4	150 Watt	129 s/min	133 s/min	135 s/min
5	190 Watt	140 s/min	X	X
Watt gesamt	163 Watt			
Watt/Kg	1,89 Watt/Kg			

1.2.3 Bewertung der erzielten Testergebnisse

Im Folgenden sind die Normwerttabellen der relativen Watt-Soll-Leistung für Männer des IPN Tests dargestellt.

Tab. 6: relative Watt-Soll-Leistung (pro Kg) bei Männern (modifiziert nach IPN, 2004, S. 8)

Faktor/ Alter	< 30	30-34	35-39	40-44	45-49	50-54	55-59	ab 60	Bewertung
0,50	1,45	1,38	1,31	1,23	1,16	1,09	1,02	0,94	- -
0,51	1,50	1,43	1,35	1,28	1,20	1,13	1,05	0,98	- -
0,52	1,55	1,47	1,40	1,32	1,24	1,16	1,09	1,01	- -
0,53	1,60	1,52	1,44	1,36	1,28	1,20	1,12	1,04	- -
0,54	1,65	1,57	1,49	1,40	1,32	1,24	1,16	1,07	- -
0,55	1,70	1,62	1,53	1,45	1,36	1,28	1,19	1,11	-

0,56	1,75	1,66	1,58	1,49	1,40	1,31	1,23	1,14	-
0,57	1,80	1,71	1,62	1,53	1,44	1,35	1,26	1,17	-
0,58	1,85	1,76	1,67	1,57	1,48	1,39	1,30	1,20	-
0,59	1,90	1,81	1,71	1,62	1,52	1,43	1,33	1,24	-
0,60	2,00	1,90	1,80	1,70	1,60	1,50	1,40	1,30	Ø
0,61	2,20	2,09	1,98	1,87	1,76	1,65	1,54	1,43	Ø
0,62	2,40	2,28	2,16	2,04	1,92	1,80	1,68	1,56	Ø
0,63	2,60	2,47	2,34	2,21	2,08	1,95	1,82	1,69	+
0,64	2,80	2,66	2,52	2,38	2,24	2,10	1,96	1,82	+
0,65	3,00	2,85	2,70	2,55	2,40	2,25	2,10	1,95	+
0,66	3,20	3,04	2,88	2,72	2,56	2,40	2,24	2,08	+ +
0,67	3,40	3,23	3,06	2,89	2,72	2,55	2,38	2,21	+ +
0,68	3,60	3,42	3,24	3,06	2,88	2,70	2,52	2,34	+ +
0,69	3,80	3,61	3,42	3,23	3,04	2,85	2,66	2,47	+ +
0,70	4,00	3,80	3,60	3,40	3,20	3,00	2,80	2,60	+ +

Aus der Tab. 6 lässt sich entnehmen, dass der Proband eine Leistung von 1,89 Watt pro Kilogrammkörpergewicht erbracht hat. Diese Leistung liegt im unterdurchschnittlichen Bereich (vgl. Tab. 7).

1.3 Gesundheits- und Leistungsstatus der Person

Im Folgenden wird der Gesundheits- und Leistungszustand des Probanden bewertet. Aus den biometrischen Daten geht hervor, dass der BMI des Probanden im Hinblick auf die Normwerte im präadipösen Bereich liegt (vgl. Tab. 7). Diese Tatsache in Kombination mit keiner momentanen sportlichen Betätigung deutet auf einen mangelhaften Leistungszustand hin. Dennoch deuten der Ruhepuls von 53s/min (vgl. Tab. 3) und der Körperfettanteil von 19%, der im Normbereich von 10%-20% liegt, auf einen guten Gesundheitszustand schließen. Der Blutdruck des Probanden ist mit 126/86 im hochnormalen Bereich (vgl. Tab 2). Dieser Blutdruck hat keine Auswirkungen auf die sportliche Belastbarkeit. Somit ist der Proband als gut belastbar zu bewerten.

Tab. 7: Klassifikation des BMI (modifiziert nach WHO, 2000)

BMI	Nutritional status
Weniger 18,5 kg/m2	Untergewicht
18,5 – 24,9 kg/m2	Normalgewicht
25,0 – 29,9 kg/m2	Präadipositas
30,0 – 34,9 kg/m2	Adipositas Stufe 1
35,0 – 39,9 kg/m2	Adipositas Stufe 2
Größer 40 kg/m2	Adipositas Stufe 3

2 Zielsetzung/Prognose

In der folgenden Teilaufgabe wird die Zielsetzung unter Berücksichtigung der Trainingsmotive des Kunden dargestellt.

2.1 Zielsetzung

Die detaillierte Darstellung der Ziele des Probanden dient in erster Linie dazu einen greifbaren und messbaren Soll-Zustand zu bestimmen. Es bietet im Trainingsverlauf Struktur und Klarheit darüber, was erreicht werden soll. Sie dienen außerdem zur permanenten Leistungssteigerung im festgelegten Zielbereich. Die definierte Ziele sind an die Trainingsmotive des Probanden angelehnt.

Das Erste Ziel bezieht sich auf das primäre Trainingsmotiv des Probanden, „Abnehmen". Aus dem Einführungsgespräch geht hervor, dass der Proband mit der Bezeichnung „Abnehmen" eigentlich eine Körperfettreduktion anstrebt. Mit einem aktuellen Körperfettanteil von 19% liegt der Proband im Normalbereich, möchte dennoch aus ästhetischen Gründen das Körperfett reduzieren. In Berücksichtigung seines Gewichtes und des Trainingszustandes wird eine Körperfettreduktion von 2-3% in 24 Wochen als realisierbares Ziel gesetzt.

Ein weiteres Trainingsmotiv des Probanden ist das Senken des BMI. Dieses geht einher mit der Reduktion von Körperfett. Mit dem momentanen BMI von 27,1 kg/m2 liegt der Proband im präadipösen Bereich und wird als leicht übergewichtig eingestuft. In Berücksichtigung des ersten Ziels der Körperfettreduktion wird das Ziel der Senkung des BMI angepasst. Bei einem Verlust von 3% Körperfett senkt sich der BMI um 0,9 kg/m2, dieses Ziel ist in 24 Wochen als realistisch einzustufen.

Das dritte Trainingsmotiv des Probanden ist es seinen Blutdruck zu senken. Im Einführungsgespräch erzählte der Proband, dass sein Studium am Computer ihn mental sehr anstrengt und er sich mehr Ruhe im Alltag wünscht. Bei einem Blutdruckwert von 126/86 handelt es sich um einen hochnormalen Blutdruck. Ziel ist es nun den diastolischen Wert um 3 zu senken, sodass er sich im Normalbereich befindet. Dies wird in einem Zeitraum von sechs Wochen angestrebt.

3 Trainingsplanung Mesozyklus

Die folgenden Aufgaben befassen sich mit der Erstellung eines Mesozyklus in der Grobplanung, der Detailplanung und der Begründung der ausgewählten Trainingsplanung.

3.1 Grobplanung Mesozyklus

Die folgende Tabelle umfasst alle in der Aufgabenstellung geforderten Parameter des Mesozyklus in der Grobplanung.

Tab. 8: Grobplanung des ersten Mesozyklus (eigene Darstellung, 2018)

Mesozyklus	
Dauer des Mesozyklus	6 Wochen
Spezifisches Trainingsziel	Entwicklung der Grundlagenausdauer
Gesamttrainingsumfang in St/Woche	3-4 Stunden
Trainingsmethode	-Extensive Dauermethode -variable Dauermethode -Rekom
Belastungsintensität von HFmax in %	-60-75% Hfmax (Extensive Dauermethode) -70-85% Hfmax (variable Dauermethode) -50-60% Hfmax (Rekom)
Trainingshäufigkeit pro Woche	3 mal
Trainingsdauer pro Trainingseinheit	-45-70 min (Extensive Dauermethode) -30-50 min (variable Dauermethode) -30 min (Rekom)
Trainingsgeräte	Fahrradergometer, Laufband, Crosstrainer

3.2 Detailplanung Mesozyklus

Die anschließende Tabelle stellt die Detailplanung des Mesozyklus für den Probanden dar.

Tab. 9: Detailplanung des Mesozyklus (eigene Darstellung, 2018)

Woche 1	Di	Do	Sa	Woche 4	Di	Do	Sa
Trainingsziel	GA1	GA2	GA1	Trainingsziel	GA1	GA2	GA1
Tr.-Methode	Ext.DM	Var.DM	Ext.DM	Tr.-Methode	Ext.DM	Var.DM	Ext.DM
Tr.-Intensität in %	65-70% HFmax	75-85% HF max	50-60% HFmax	Tr.-Intensität in %	65-70% HFmax	75-85% HFmax	50-60% HFmax
Tr.-Intensität in s/min	114-123 s/min	147-166 s/min	98-117 s/min	Tr.-Intensität in s/min	114-123 s/min	147-166 s/min	98-117 s/min
Tr.-Dauer	45 min	30 min (5:5)	30 min	Tr.-Dauer	65 min	45 min (5:5)	30 min
Tr.-Gerät	Fahrrad	Laufband	Crosstrainer	Tr.-Gerät	Fahrrad	Laufband	Crosstrainer
Woche 2	Di	Do	Sa	Woche 5	Di	Do	Sa
Trainingsziel	GA1	GA2	GA1	Trainingsziel	GA1	GA2	GA1
Tr.-Methode	Ext.DM	Var.DM	Ext.DM	Tr.-Methode	Ext.DM	Var.DM	Ext.DM
Tr.-Intensität in %	65-70% HFmax	75-85% HFmax	50-60% HFmax	Tr.-Intensität in %	65-70% HFmax	75-85% HFmax	50-60% HFmax
Tr.-Intensität in s/min	114-123 s/min	147-166 s/min	98-117 s/min	Tr.-Intensität in s/min	114-123 s/min	147-166 s/min	98-117 s/min
Tr.-Dauer	50 min	35 min (5:5)	30 min	Tr.-Dauer	70 min	50 min (5:5)	30min
Tr.-Gerät	Fahrrad	Laufband	Crosstrainer	Tr.-Gerät	Fahrrad	Laufband	Crosstrainer
Woche 3	Di	Do	Sa	Woche 6	Di	Do	Sa
Trainingsziel	GA1	GA2	GA1	Trainingsziel	GA1	GA2	GA1
Tr.-Methode	Ext.DM	Var.DM	Ext.DM	Tr.-Methode	Ext.DM	Var.DM	Ext.DM
Tr.-Intensität in %	65-70% HFmax	75-85% HFmax	50-60% HFmax	Tr.-Intensität in %	65-70% HFmax	75-85% HFmax	50-60% HFmax
Tr.-Intensität in s/min	114-123 s/min	147-166 s/min	98-117 s/min	Tr.-Intensität in s/min	114-123 s/min	147-166 s/min	98-117 s/min
Tr.-Dauer	60 min	40 min (5:5)	30 min	Tr.-Dauer	45 min	30 min (10:10)	30 min
Tr.-Gerät	Fahrrad	Laufband	Crosstrainer	Tr.-Gerät	Fahrrad	Laufband	Crosstrainer

3.3 Begründung zum Mesozyklus

Es folgt die Begründung zum ausgewählten Belastungsumfang des Mesozyklus. Die Häufigkeit der Trainingseinheiten wird in allen sechs Wochen (Schnurr, S., 2003, S. 21) des Mesozyklus gleichbleibend drei Mal pro Woche betragen. Der Proband hat einen Verfügungsrahmen von drei Trainingseinheiten pro Woche angegeben, daher dieser Entschluss. Die Aufteilung der Trainingstage auf Dienstag, Donnerstag und Samstag ist so zu begründen, dass wochentags mittel lange Trainingseinheiten als Ausgleich dienen und die Trainingseinheit am Wochenende der Entspannung dient. Im Vordergrund dieses Mesozyklus steht der Aufbau der Grundlagenausdauer des Probanden, da dieser zu Beginn des Mesozyklus als untrainiert eingestuft wird. Die Trainingsdauer pro Woche beträgt in Woche eins 105 Minuten. Sie wird pro Woche um fünf Minuten, je Trainingseinheit, bis Woche fünf auf 150 Minuten kontinuierlich gesteigert um neue Reize zu erzielen und die GA1 aufzubauen (Schnurr, S. 2003, S. 17). Dies hat den Grund, da die Steigerung der Häufigkeit pro Woche nicht möglich ist. In Woche sechs wird die Gesamtdauer pro Woche auf 105 Minuten reduziert da diese Woche als Rekom- Woche dient. Die Trainingsmethoden der einzelnen Wochen sind nach ansteigender Belastung gewählt, schließen jedoch immer mit einer Rekom Trainingseinheit ab. Das hat den Grund, da nach hoher Belastung alle beteiligten Teilsysteme des Körpers aktiv schneller Regenerieren. Die Trainingseinheiten pro Woche sind im Verhältnis 2/1 (2x Belastung/1x Entspannung) gewählt (Schnurr, S., 2003, S. 17). Die Auswahl der Intensitäten ist nach dem gleichen Schema vollzogen worden. Zwei Mal pro Woche wird ein Trainingswirksamer Reiz gesetzt (Belastungsintensität von 60-65 Hfmax oder mehr) und ein mal pro Woche wird aktive Regeneration betrieben (Belastungsintensität 50-60% Hfmax). Außerdem bewirkt der Wechsel von extensiven- und variablen Dauermethoden Abwechselung für den Probanden, sodass sich keine Monotonie im Training entwickeln kann (Schnurr, S., 2003, S. 16). Hier-zugrunde liegt auch die Auswahl der Trainingsgeräte. Durch den gewählten Gerätemix, welcher an die sportliche Vorgeschichte angepasst ist, wird dem Probanden Abwechslung der Trainingseinheiten garantiert. Die Wahl der Geräte wurde, nach bekannten Bewegungsabläufen des Probanden, getroffen.

4 Literaturrecherche

In den folgenden Tabellen (siehe Tab. 10 / Tab. 11) werden Studien zu dem Effekten von Ausdauertraining bei arterieller Hypertonie dargestellt.

Tab. 10: Studie 1 zu den Effekten von Ausdauertraining bei arterieller Hypertonie (eigene Darstellung, 2018)

Name der Studie	Effekte eines 12-wöchigen Ausdauertrainings auf die körperliche Leistungsfähigkeit und den psychischen Zustand von Patienten mit isolierter systolischer Hypertonie
Wer hat die Studie durchgeführt?	Meißner, Romy
In welchem Jahr wurde die Studie publiziert?	2011
Mit welchen Versuchspersonen wurde die Studie durchgeführt?	- es handelt sich um 51 ältere Menschen mit einer isolierten systolischen Hypertonie
Wie sah der Versuchsaufbau der Studie aus?	- die Probanden wurden in eine Trainingsgruppe (24 Teilnehmer) und eine Kontrollgruppe (27 Teilnehmer) unterteilt - es wurde ein Ruhe- und Belastungs-EKG, eine Laufbandspiroergometrie, eine Langzeit-Blutdruckmessung und eine Echokardiografie des Herzens vorgenommen - die Trainingsgruppe absolvierte ein zwölfwöchiges Ausdauertrainingsprogramm mit jeweils 3 Stunden pro Woche auf dem Laufband - ausgeführt nach einem Intervallschema - die Kontrollgruppe führte keinen Sport aus
Welche relevanten Ergebnisse und Schlussfolgerungen lieferte die Studie?	- die maximale Leistungsfähigkeit der Trainingsgruppe verbesserte sich signifikant - der systolische Blutdruck sank von 185,2 ± 5,7 auf 153,8 ± 5,9 mmHg - ein positiver Zusammenhang zwischen dem Borg-Wert und dem systolischen Blutdruck (r^2: 0.2856), der Laktatkonzentration (r^2: 0.4276) sowie der Herzfrequenz (r^2: 0.4129) konnte nachgewiesen werden - die Studie gibt Anlass zu weiteren Untersuchungen der positiven Effekte körperlicher Aktivität auf Patienten mit einer isolierten systolischen Hypertonie
Quelle	Meißner, R., (2011). Effekte eines 12-wöchigen Ausdauertrainings auf die körperliche Leistungsfähigkeit und den psychischen Zustand von Patienten mit isolierter systolischer Hypertonie. Dissertation, Medizinische Fakultät Charité – Universitätsmedizin Berlin. Zugriff am 17.01.2018. Verfügbar unter http://www.diss.fu-berlin.-de/diss/servlets/MCRFileNodeServlet/FUDISS_derivate_000000009658/Dissertation.pdf

Tab. 11: Studie 2 zu den Effekten des Ausdauertraining bei arterieller Hypertonie (eigene Darstellung, 2018)

Name der Studie	Kardiovaskuläre Effekte eines aeroben versus eines isometrischen Trainings bei arterieller Hypertonie
Wer hat die Studie durchgeführt?	Stergios Vlatsas

In welchem Jahr wurde die Studie publiziert?	2015
Mit welchen Versuchspersonen wurde die Studie durchgeführt?	-es handelt sich um Patienten mit bekannter medikamentös behandelter arterieller Hypertonie oder einem Blutdruck größer gleich 140/90 mmHg ohne medikamentöse Therapie
Wie sah der Versuchsablauf der Studie aus?	-70 Personen mit bekannter medikamentös behandelter arterieller Hypertonie oder einem Blutdruck größer gleich 140/90 mmHg ohne medikamentöse Therapie wurden in 3 Gruppen randomisiert. -Gruppe ein waren 25 Personen die über 12 Wochen ein isometrisches Training 5 mal die Woche durchgeführt haben (Faustschlusskontraktion mit 30% der Maximalkraft). -Gruppe zwei waren 23 Personen die über 12 Wochen als Placebo Gruppe ein isometrisches Training 5 mal die Woche durchgeführt haben (Faustschlusskontraktion mit 5% der Maximalkraft an einem Placebo-Gerät). -Gruppe drei waren 22 Personen die über 12 Wochen ein aerobes Ausdauertraining 5 mal die Woche mit jeweils 30-45 Minuten durchführten. -es erfolgte keine zusätzliche Intervention und keine Änderung der Vormedikation. -Primärer Endpunkt der Studie war ein signifikanter Unterschied des systolischen 24h-Blutdrucks nach der 12-wöchigen Intervention im Vergleich zum Ausgangsblutdruck - Eine applanationstonometrische Pulswellenanalyse diente zur Erfassung folgender Parameter: Der Augmentationsindex, der Pulsdruck, der zentrale Aortendruck, die Pulswellengeschwindigkeit und die Gefäßelastizitätsindices der großen und kleinen Gefäße und der totalen periphere Wiederstand.
Welche relevanten Ergebnisse und Schlussfolgerungen liefert diese Studie?	-Das aerobe Training führte zu einer statistisch signifikanten Senkung des systolischen als auch des diastolischen Blutdruck in der ambulanten Blutdruckmessung (systolisch von 129.1 ± 10.4 mmHg auf 122.7 ± 11.7, $p = 0.008$ und diastolisch von 79.5 ± 8.9 auf 76.7 ± 10.9, $p = 0.009$). -Außerdem wurde eine Verbesserung der Elastizitätsindices der kleinen (3.8 ± 2.3 auf 5.4 ± 2.9, $p = 0.036$) und der großen Gefäße (9.9 ± 2.9 auf 11.5 ± 3.4, $p= 0.03$) und ein Abfall des totalen peripheren Widerstands (1798 ± 425 auf 1581 ± 352 dyn·s/cm5 , $p < 0.001$) erzielt. -Isometrisches Training hatte keinen Einfluss auf die ambulante 24-Stunden-Blutdruckmessung und auf die Gefäßelastizitätsparameter. -Diese Studie bestätigt den blutdrucksenkenden Effekt aeroben Trainings bei Hypertonikern, wobei isometrisches Faustschlusstraining keine blutdrucksenkenden Effekte erzielen konnte.
Quelle	Vlatsas, S., (2015). Kardiovaskuläre Effekte eines aeroben versus eines isometrischen Trainings bei arterieller Hypertonie. Dissertation, Medizinische Fakultät Charité – Universitätsmedizin Berlin. Zugriff am 17.01.2018. Verfügbar unter https://d-nb.info/1071089048/34

5 Literaturverzeichnis

IPN. (2004). *IPN-Test®* – *Ausdauertest für den Fitness- und Gesundheitssport*. Köln: IPN

Schnurr, S. (2003). *Leistungsdiagnostik und Trainingssteuerung im Ausdauersport*. Books on Demand, Winterbach: Aufl. 1, S. 16-17

World Health Organization. (2000). *Obesity: Preventing and Managing the global epidemic*. WHO Technical Report Series 894, S. 9

6 Abbildungs- und Tabellenverzeichnis

6.1 Tabellenverzeichnis

Tab. 1: Biometrische Daten (eigene Darstellung, 2018)..3

Tab. 2: weitere biometrische Parameter (eigene Darstellung, 2018)..............................4

Tab. 3: Voreinstufung nach Ruheherzfrequenz und Lebensalter (modifiziert nach IPN, 2004, S.4)...5

Tab. 4: Voreinstufung unter zusätzlicher Berücksichtigung der Trainingshäufigkeit ausdauerrelevanter Aktivitäten (modifiziert nach IPN, 2004, S. 4).....................................5

Tab. 5: Testprotokoll des submaximalen Fahrradergemetertest nach Hollmann & Venrath (eigene Darstellung, 2018)..6

Tab. 6: relative Watt-Soll-Leistung (pro Kg) bei Männern (modifiziert nach IPN, 2004, S. 8)...7

Tab. 7: Klassifikation des BMI (modifiziert nach WHO, 2000).....................................8

Tab. 8: Grobplanung des ersten Mesozyklus (eigene Darstellung, 2018) 10

Tab. 9: Detailplanung des Mesozyklus (eigene Darstellung, 2018)..............................10

Tab. 10: Studie 1 zu den Effekten von Ausdauertraining bei arterieller Hypertonie (eigene Darstellung, 2018)...12

Tab. 11: Studie 2 zu den Effekten des Ausdauertraining bei arterieller Hypertonie (eigene Darstellung, 2018)...13

6.2 Abbildungsverzeichnis

Abb. 1: Blutdruckklassifikationen...4

BEI GRIN MACHT SICH IHR WISSEN BEZAHLT

- Wir veröffentlichen Ihre Hausarbeit, Bachelor- und Masterarbeit

- Ihr eigenes eBook und Buch - weltweit in allen wichtigen Shops

- Verdienen Sie an jedem Verkauf

Jetzt bei www.GRIN.com hochladen und kostenlos publizieren